Piano/Vocal/Guitar

More Songs from glee

Music From The FOX Television Show

ISBN 978-1-4234-7726-6

7777 W. BLUEMOUND RD. P.O. BOX 13819 MILWAUKEE, WI 53213

Visit Hal Leonard Online at
www.halleonard.com

AND I AM TELLING YOU
I'M NOT GOING

Music by HENRY KRIEGER
Lyric by TOM EYEN

Moderately

EFFIE: And I am tell-ing you

I'm not go - ing. _____ You're the

best man _____ I'll ev - er know. There's no way I can ev - er

6

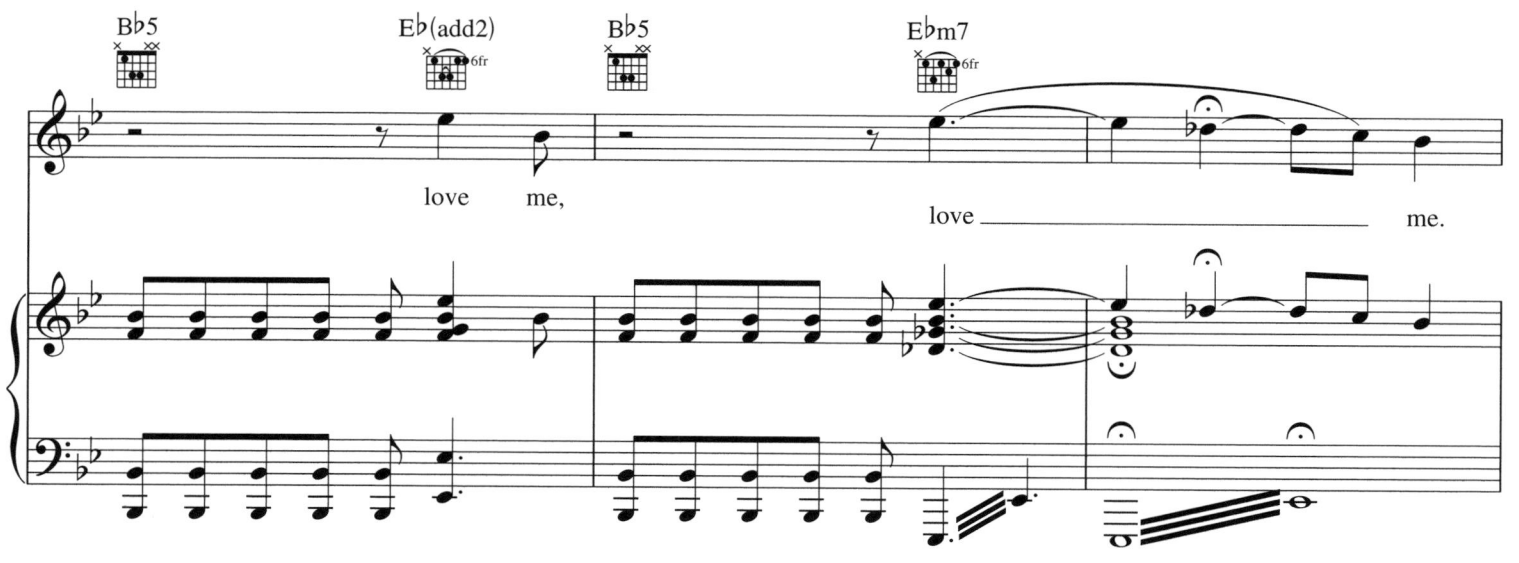

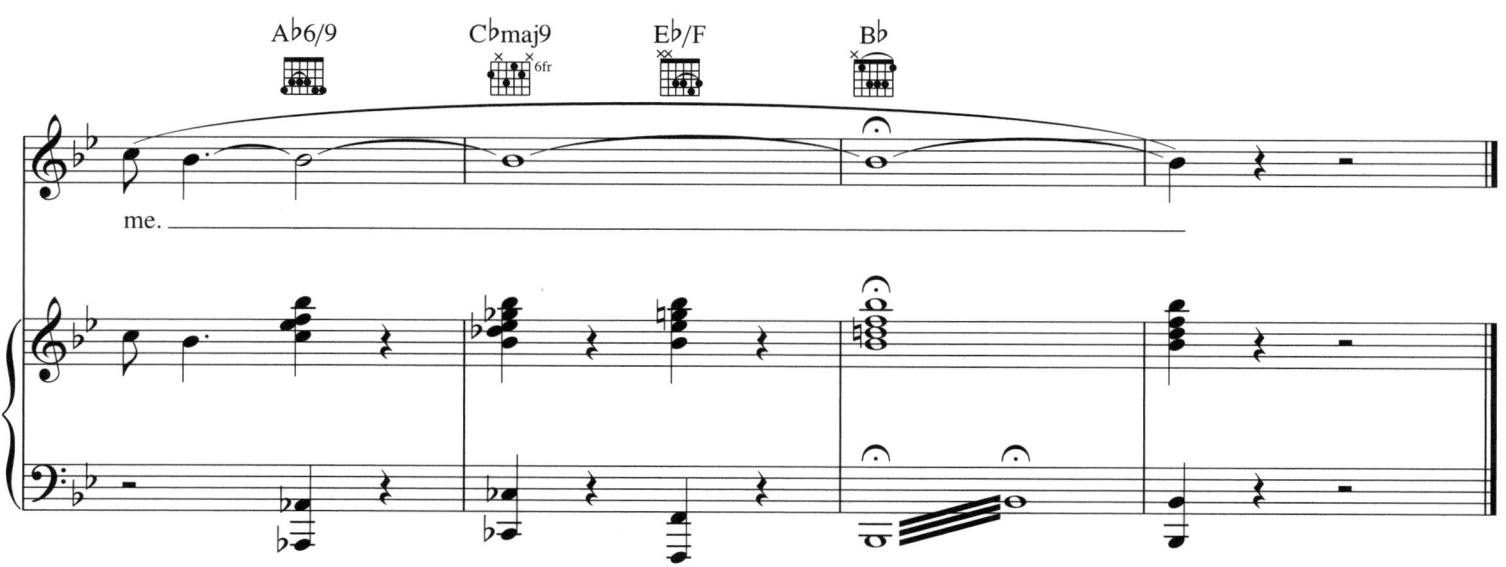

DANCING WITH MYSELF

Words and Music by BILLY IDOL
and TONY JAMES

(1.) On the floors of To - ky-o - o, or down in
(2., D.S.) looked all o - ver the wo - orld, and there's

Lon - don town to go - go, oh, with the rec-ord se - lec - tion and the
ev - 'ry type of gi - irl. But, your emp - ty eyes seem to

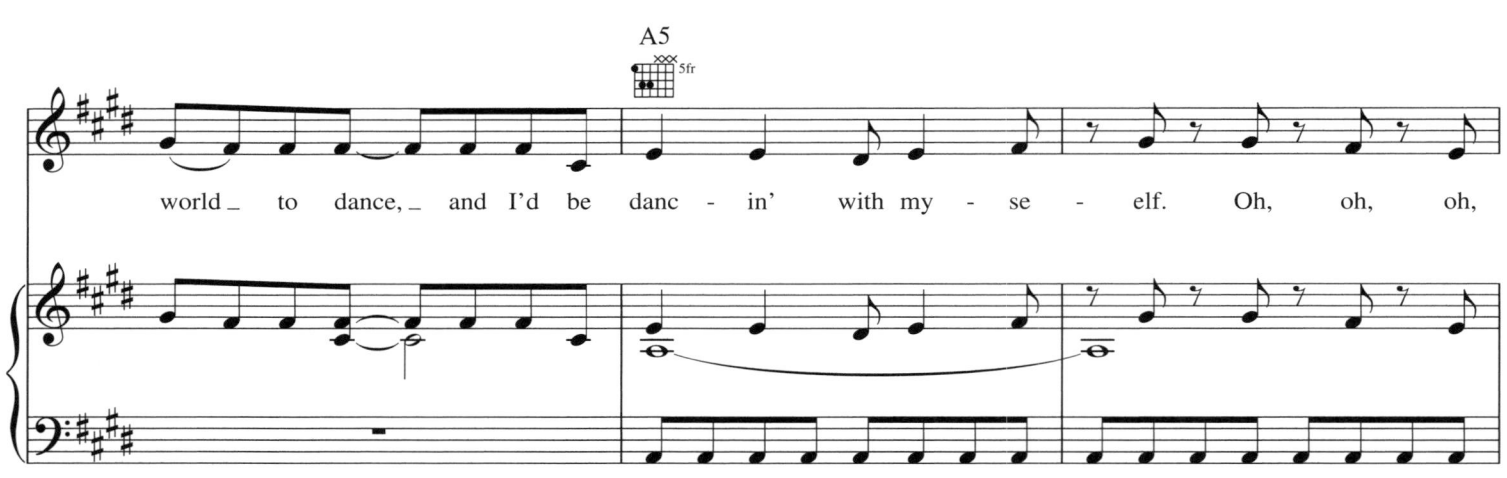

DEFYING GRAVITY

Music and Lyrics by
STEPHEN SCHWARTZ

Freely, with quiet intensity

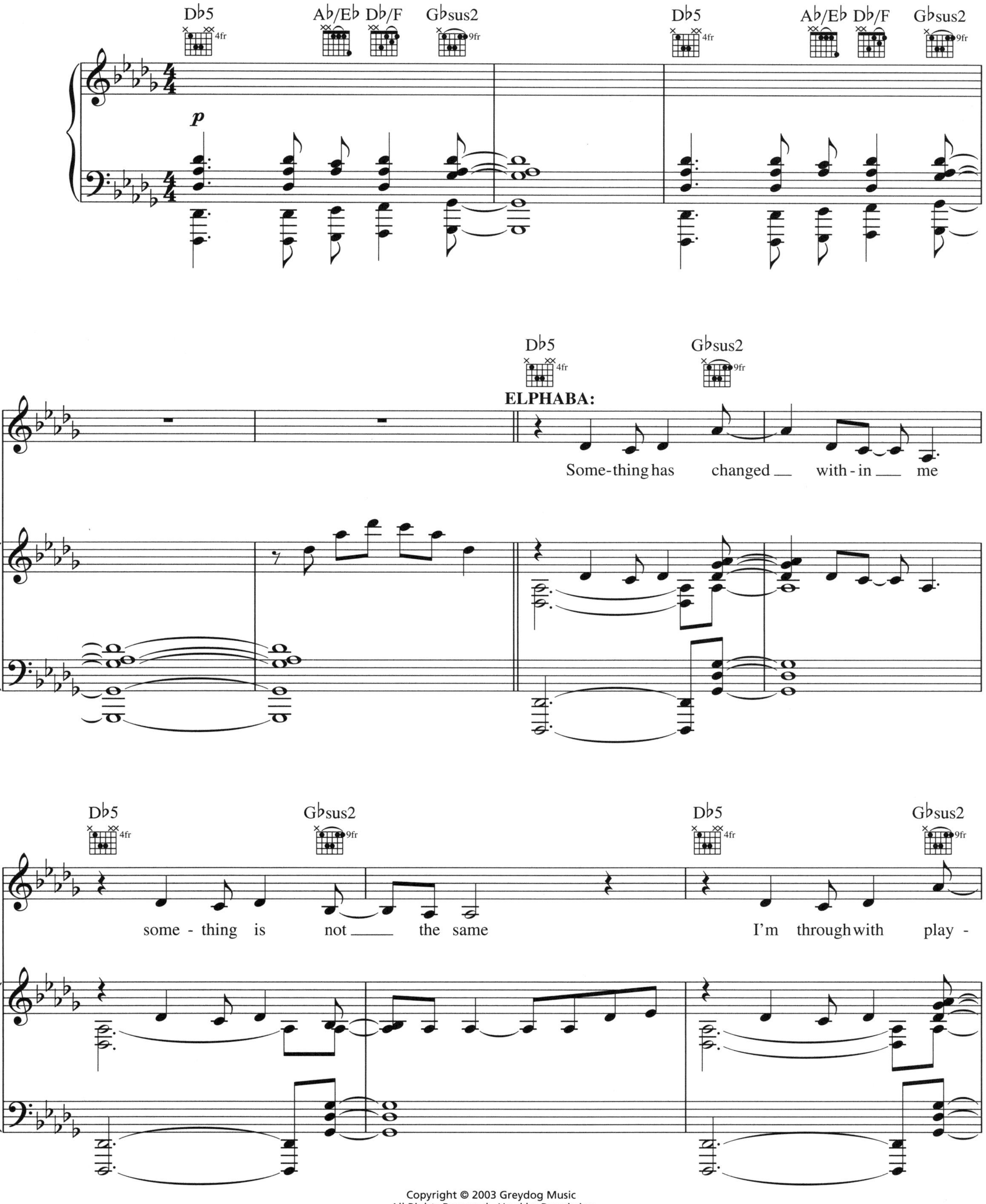

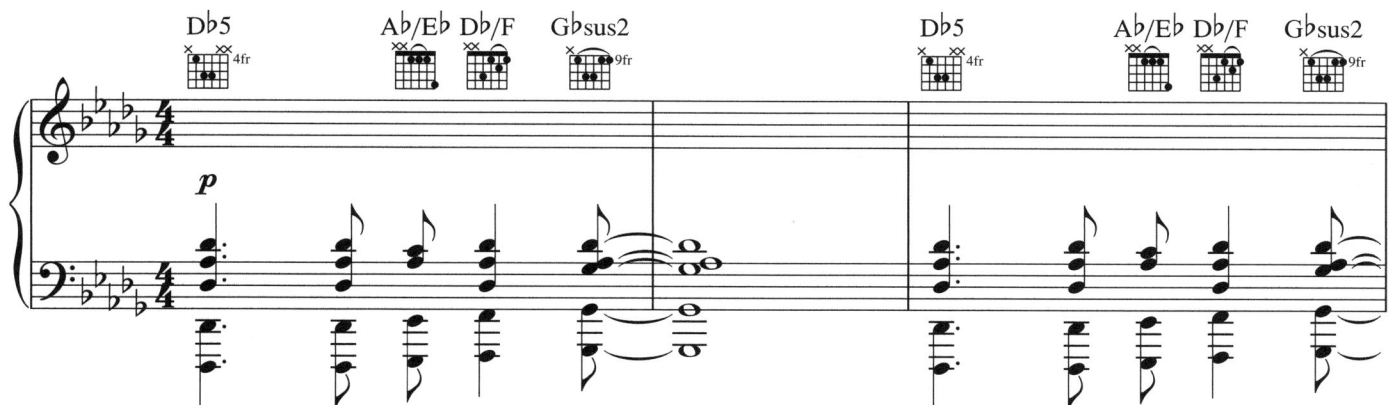

ELPHABA:
Some-thing has changed __ with-in __ me

some - thing is not ____ the same I'm through with play -

DON'T RAIN ON MY PARADE

Words by BOB MERRILL
Music by JULE STYNE

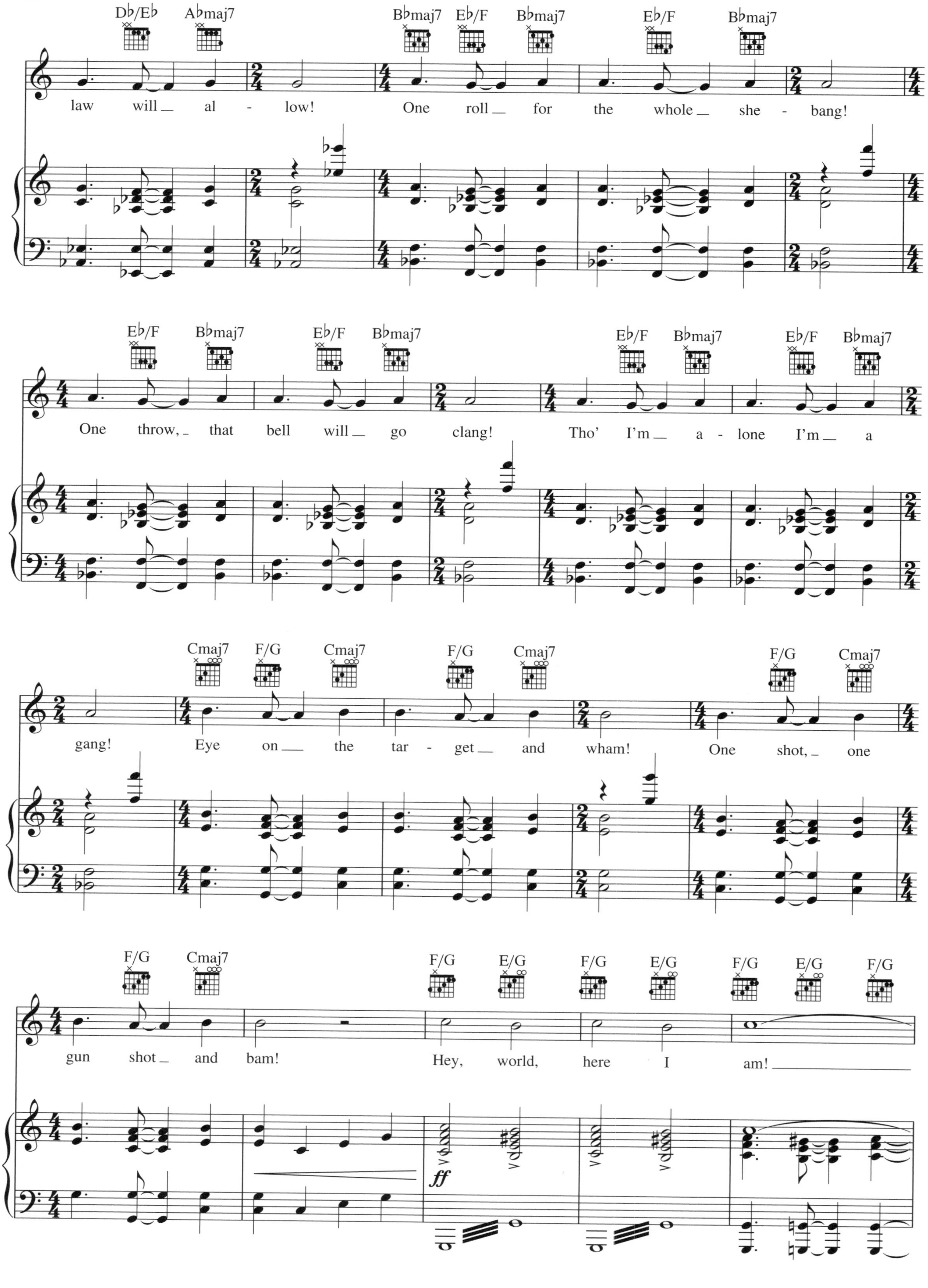
D♭/E♭ A♭maj7 B♭maj7 E♭/F B♭maj7 E♭/F B♭maj7
law will al - low! One roll for the whole she - bang!
E♭/F B♭maj7 E♭/F B♭maj7 E♭/F B♭maj7 E♭/F B♭maj7
One throw, that bell will go clang! Tho' I'm a - lone I'm a
Cmaj7 F/G Cmaj7 F/G Cmaj7 F/G Cmaj7
gang! Eye on the tar - get and wham! One shot, one
F/G Cmaj7 F/G E/G F/G E/G F/G E/G F/G
gun shot and bam! Hey, world, here I am!
ff

ENDLESS LOVE

Words and Music by
LIONEL RICHIE

Eb/F   Fsus   F   Bb   F/A

you're ev - 'ry step I   make. ___   And
I   can't re - sist your charms. __   And

Ebmaj7   Eb/F   F   Bb   F/A

I,   I ___ want to share   all my
love,   I'll be a   fool   for

Gm   Dm/F   Eb   Eb/F   F

love _____ with you;   no one else ___
you, _____   I'm _____ sure;   you __ know I don't

Bb   Bb9   Ebmaj7

___ will ___ do. ___   And your eyes, ___
mind. _____   'Cause you, ___

Oh, _____ and _____ love, _____

I'LL STAND BY YOU

Words and Music by CHRISSIE HYNDE,
TOM KELLY and BILLY STEINBERG

Moderately slow

Oh, why you look so sad, the tears are in your eyes, come on and come to me now. And don't be a-shamed to cry, let me see you through, 'cause I've seen the dark side too.

48

PROUD MARY

Words and Music by
JOHN FOGERTY

Left a good job __ in the cit - y, work - in' for the man __ ev - 'ry
Cleaned a lot of plates __ in Mem - phis, pumped a lot of 'tane __ down in
If you come down __ to the riv - er, bet you gon - na find __ some

night and day. __ And I nev - er lost __ one min - ute of sleep - in',
New Or - leans. __ But I nev - er saw __ the good __ side of the cit - y
peo - ple who live. You don't have to wor - ry __ 'cause __ you have no mon - ey.

IMAGINE

Words and Music by
JOHN LENNON

I-mag-ine there's no heav-en. ___

It's eas-y if you ___ try. ___ No hell ___ be-low us, ___

a-bove us on-ly sky. ___

56

C — E7 — F — G

I hope some - day _____ you'll

C — E7 — [1] F — G

join us _____ and the world _____ will

C — Cmaj7

be as one. _____ I - mag - ine no _____ pos - ses -

[2] F — G — C

and the world _____ will live as one. _____

JUMP

Words and Music by DAVID LEE ROTH, EDWARD VAN HALEN,
ALEX VAN HALEN and MICHAEL ANTHONY

Bright Rock

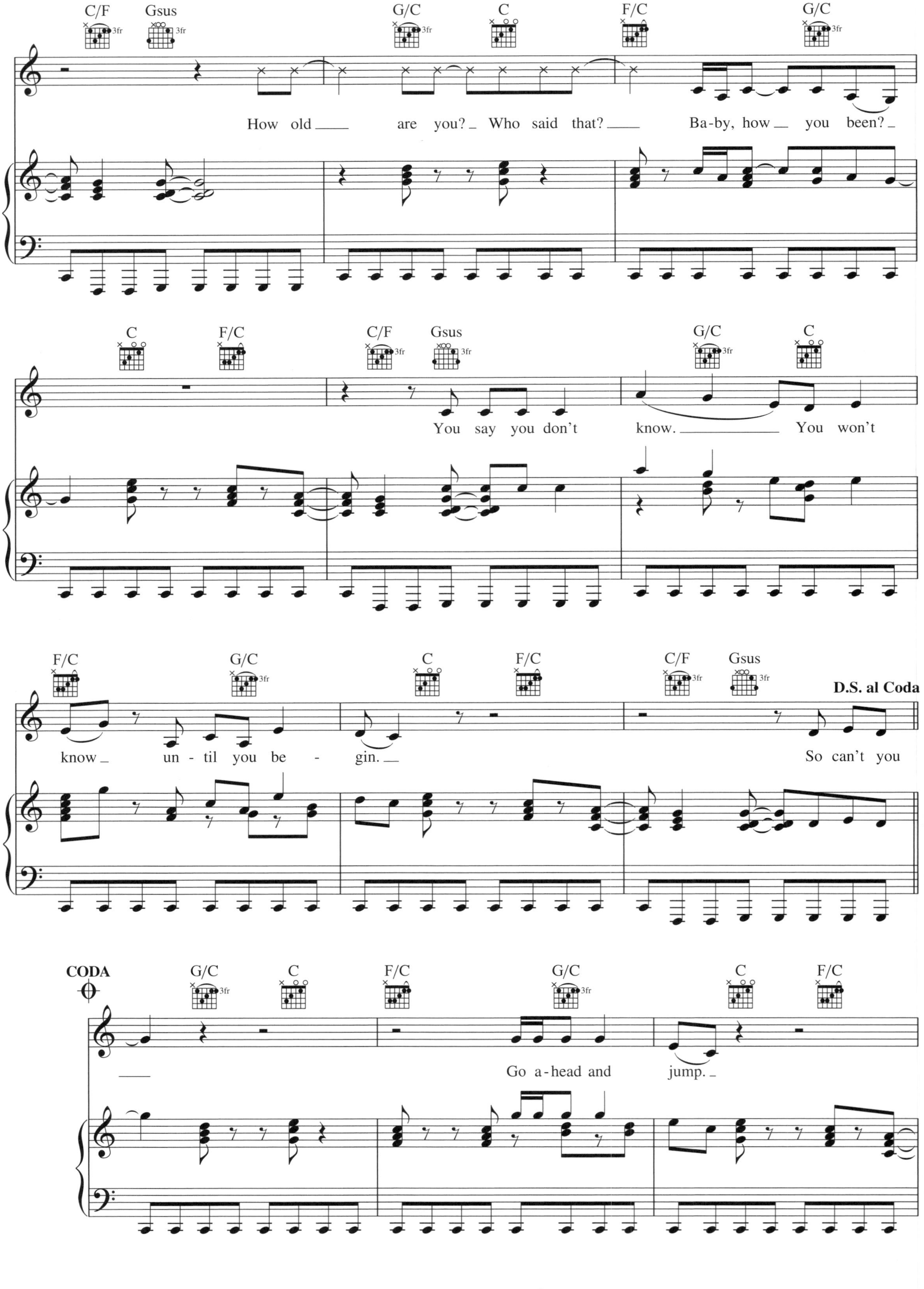

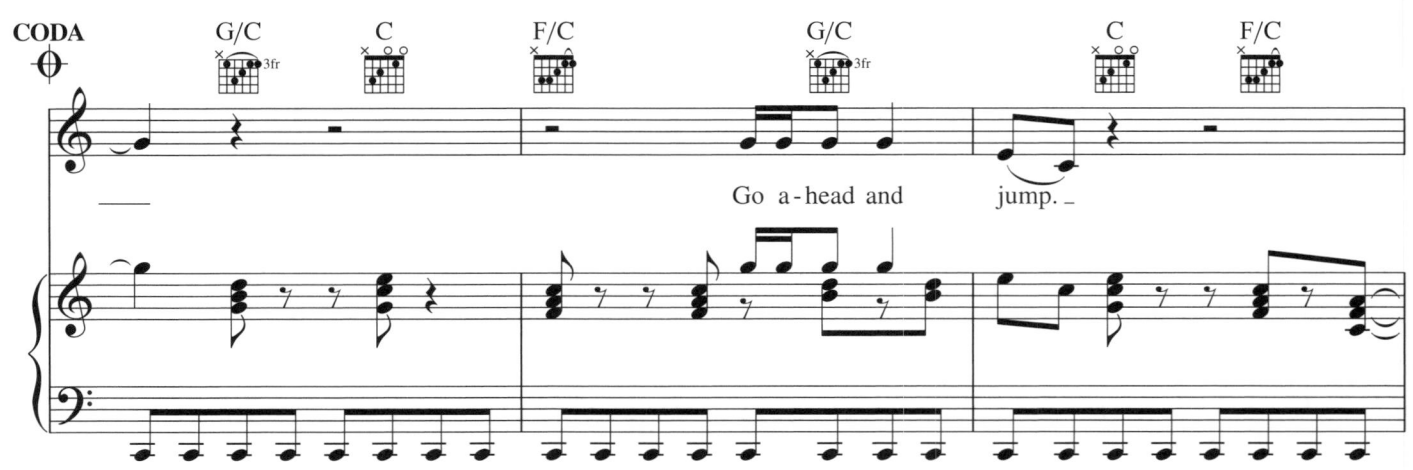

C/F Gsus G/C C F/C G/C
How old are you? Who said that? Ba-by, how you been?
C F/C C/F Gsus G/C C
You say you don't know. You won't
F/C G/C C F/C C/F Gsus
know until you be-gin. So can't you
D.S. al Coda
CODA
G/C C F/C G/C C F/C
Go a-head and jump.

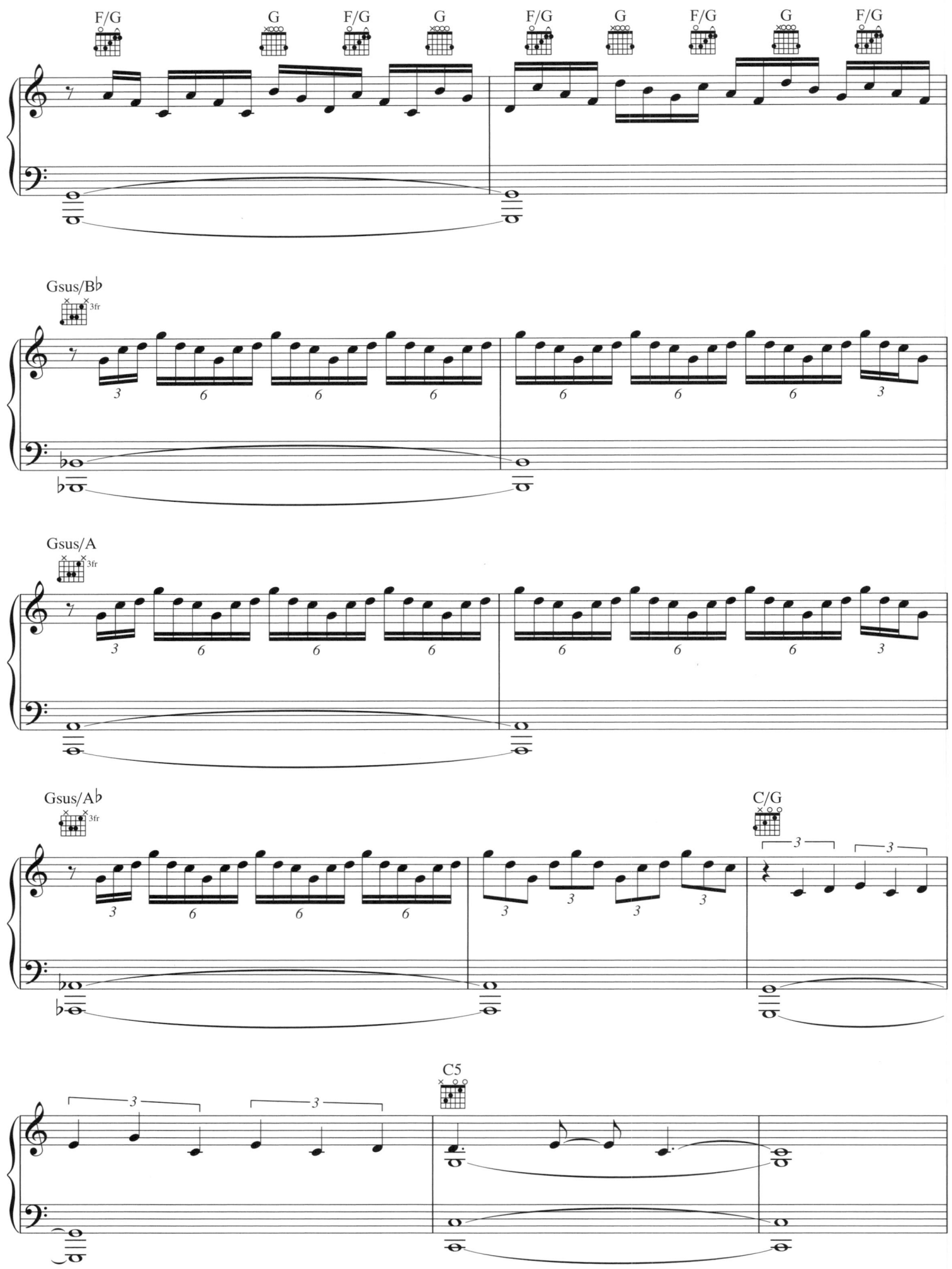

LEAN ON ME

Words and Music by
BILL WITHERS

Some - times in our lives, _____ we all have pain, _____

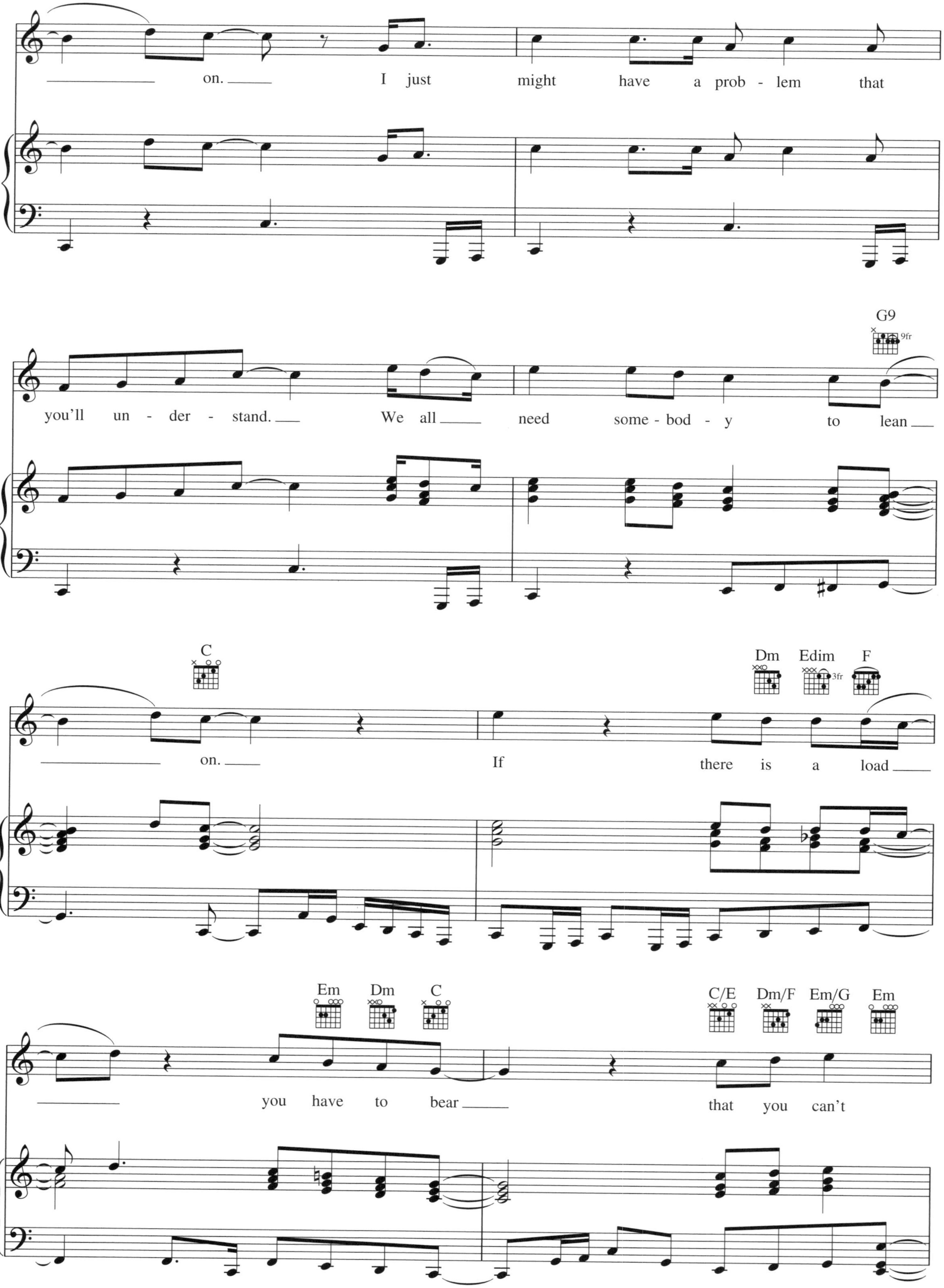
on. I just might have a prob - lem that
you'll un - der - stand. We all need some - bod - y to lean
G9
9fr
C
on. If there is a load
Dm Edim F
3fr
Em Dm C
you have to bear
that you can't
C/E Dm/F Em/G Em

MY LIFE WOULD SUCK WITHOUT YOU

Words and Music by LUKASZ GOTTWALD,
MAX MARTIN and CLAUDE KELLY

Up-beat Pop

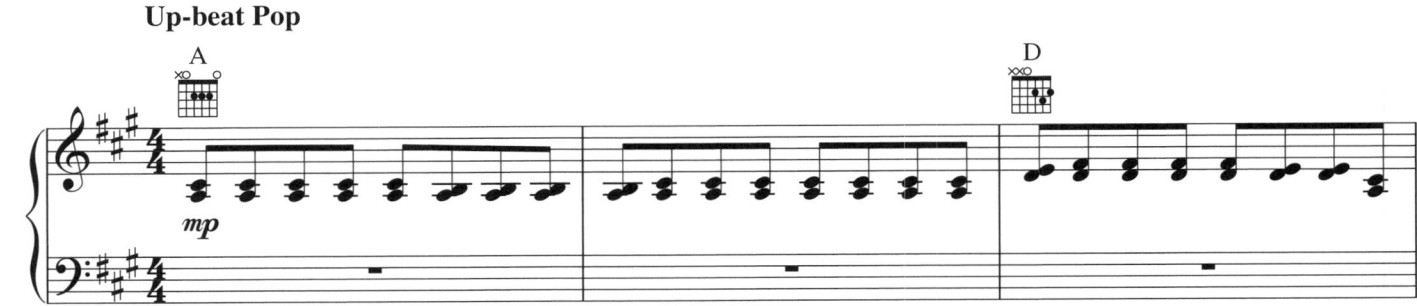

Guess this means _ you're sor - ry, you're
May - be I _____ was stu - pid for

stand - ing at _____ my door. _____
tell - ing you _ good - bye. _____

Guess this means _ you take _____
May - be I _____ was wrong _____

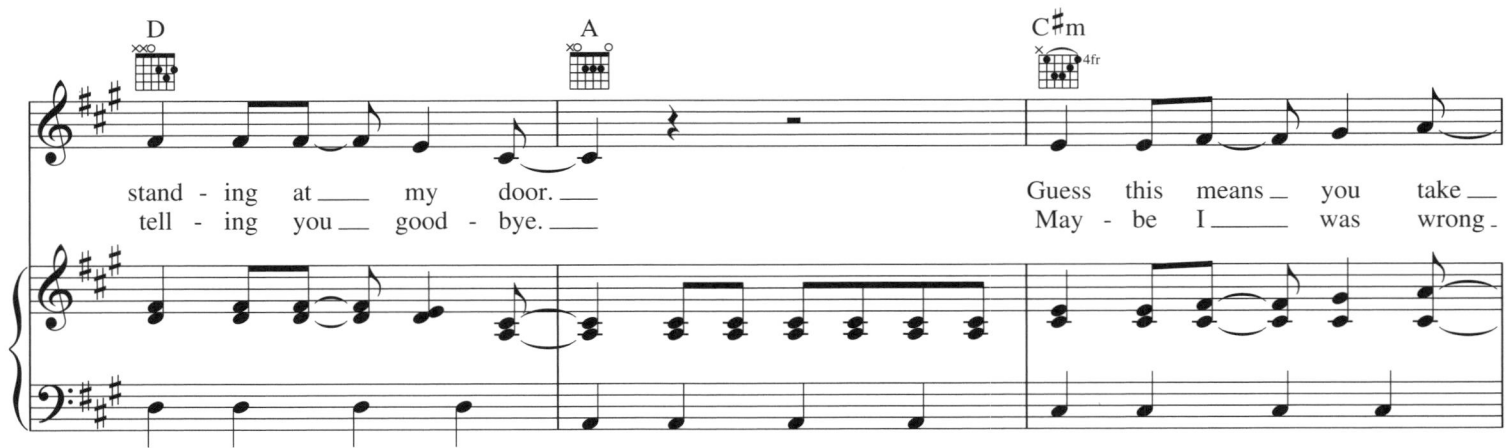

would suck ___ with - out _____ you. ___

Be - ing with ___ you is so dys - func - tion - al. ___

I real - ly should - n't miss ___ you, ___ but I can't let ___ you go, ___

oh ___ yeah. ___

SWEET CAROLINE

Words and Music by
NEIL DIAMOND

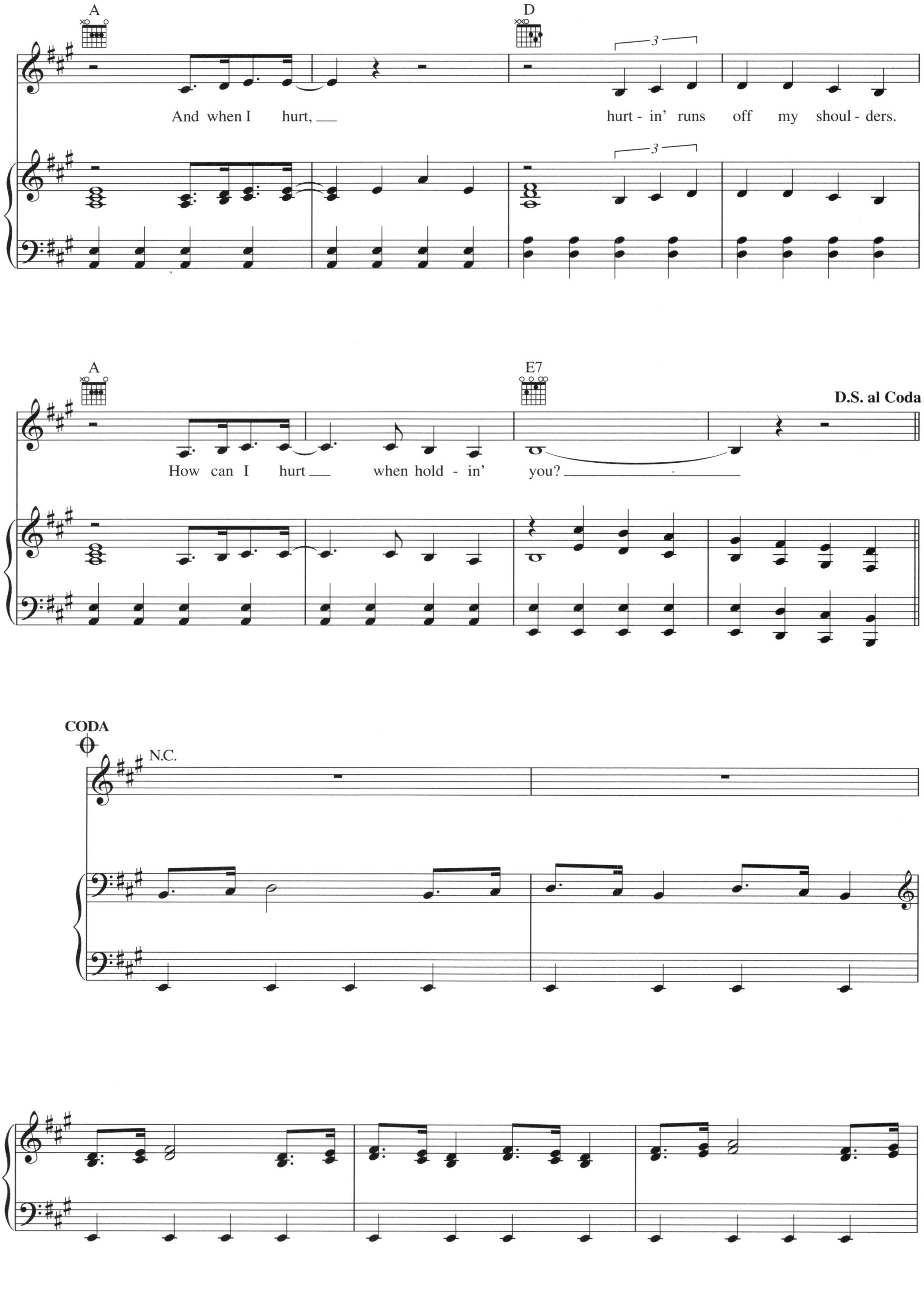

And when I hurt, ___ hurt - in' runs off my shoul - ders.

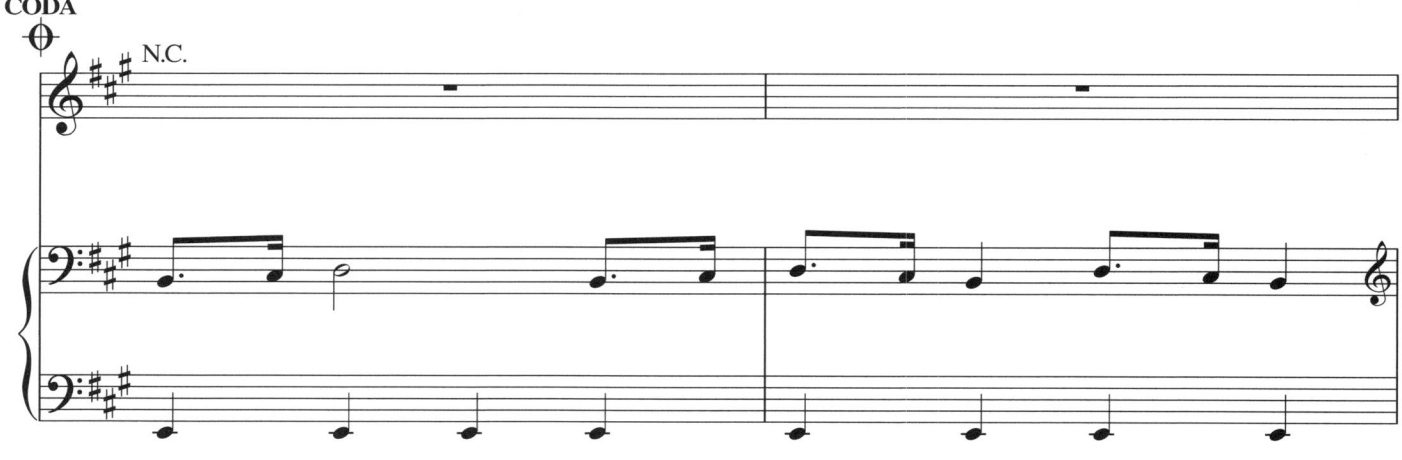

D.S. al Coda

How can I hurt ___ when hold - in' you? ___

CODA

N.C.

TAKING CHANCES

Words and Music by DAVE STEWART
and KARA DioGUARDI

TRUE COLORS

Words and Music by BILLY STEINBERG
and TOM KELLY

* Recorded a half-step higher.

SMILE

Words and Music by LILY ALLEN,
IYIOLA BABALOLA, DARREN LEWIS,
CLEMENT DODD and JACKIE MITTOO

When you first left me, ___ I was want - ing more, ___ but you were fuck-ing that

ev - er you see me, ___ you say that you want me back,___ and I tell you it

girl next door; what'd you do that for?

don't mean jack; no, it don't mean jack.